Florian Fritz

SÜDTIROLER

FARBTUPFER

mit Gardasee

EINE POETISCHE ANNÄHERUNG IN GEDICHTEN AN MEINE LIEBSTE REGION

Impressum

Bibliografische Information der Deutschen Nationalbibliothek: Die Deutsche Nationalbibliothek verzeichnet diese Publikation in der Deutschen Nationalbibliografie; detaillierte bibliografische Daten sind im Internet über http://dnb.dnb.de abrufbar.

Erweiterte zweite Auflage, mit Versen zum Gardasee.

© 2023 Florian Fritz für Texte, Bilder, Layout, Herstellung und Verlag: BoD – Books on Demand, Norderstedt

ISBN: 9783756832835

Unser Südtirol

Wir Deutsche fahren gern dorthin.
In *der* Region ist alles drin!
Im Winter locken Ski und Schlitten,
im Sommer nette Wanderhütten.
Im Herbst, da duften die Kastanien
und es gibt Sonne wie in Spanien.
Im Frühjahr grüßt die Blütenpracht,
der Knödeltris ist selbstgemacht,
und seht nur, wie ein jeder lacht
im Glanze seiner Sonntagstracht!

Nun ja, es wird schon viel gebaut,
der Bagger gräbt, wohin man schaut,
die Lodge, sie leuchtet in der Ferne:
Fünfeinhalb gezackte Sterne!
Der Bademantel blendend weiß
und nebenbei: der Preis ist heiß!

Am Gipfelkreuz vom Petz am Schlern
da haben sich die Massen gern,
und vielerorts herrscht Parkverbot,
denn der Verkehr ist aus dem Lot.

Doch blickt der Mensch zum Rosengarten,
wo König Laurins Sagen warten
und abends rote Felsen leuchten,
dann fühlt er, wie die Augen feuchten,
und tief im Innern weiß er wohl:
So schön ist's nur in Südtirol!

Sich Südtirol nähern

Ab Innsbruck schleicht der Zug dahin
durch Felsen, und wir mittendrin.
Ein schmales Tal mit wenig Licht,
das sich an steilen Flanken bricht.

Der Zug, er schnauft und ächzt und rattert
und pfeift und bläst und rauscht und knattert.
Dunkle Tannen, lichte Fichten
könnten allerlei berichten,
Äste, Zweige, Büsche, Stämme,
über steilen Hängen Kämme,
immer wieder Tunnelschwärze.

Neonlicht, gleich einer Kerze
flackert bleich am Deckengang.
Draußen zieht der Alpenhang
ewiggleich und sanft vorüber.

Fast am Himmel, obendrüber,
Brücken, die auf Stelzen stehen.
Nur die Laster sind zu sehen,
kriechen wie ein müder Wurm
aufwärts unter Schnee und Sturm.

Bahn und Autos eint ein Nenner:
Alle wollen hoch zum Brenner.
Welch ein Ort, so voller Mythen,
Einkaufszentren, Plastiktüten,
Gleisen, Lastern, grauen Dächern,
Imbissstuben, Wegwerfbechern,
Menschentrauben, stets im Lauf,
lange hält sich niemand auf.
Zollhaus, Schlagbaum sind Geschichte.
Anekdoten und Berichte,
wie es früher einmal war,
hört man in der Bahnhofsbar.

Wenn der Zug dann weiterfährt,
fühlt man sich so unbeschwert.
Das liegt bestimmt, so glaubt man wohl,
am klaren Licht von Südtirol.

Am Brenner

Der Brennerpass ist unterschätzt,
weil jeder Mensch nur drüber hetzt,
und keinem ist mehr wirklich klar,
dass hier einmal die Grenze war.
Kasernen wittern vor sich hin,
das Zollhaus liegt noch, ohne Sinn,
zwischen Hang und Kreisverkehr.
Die Autos fahren kreuz und quer,
und parken hier und parken dort,
der Brenner ist ein Auto-Ort.
Die Menschen, die hier parkend stoppen,
gehen dann im Outlet shoppen,
die Freude drüber im Gesicht.
Zum Bahnhof gehn sie eher nicht.
Dort graut und döst die Brennerwelt,
und Mensch und Zug sind abgestellt.
Sie warten auf die Weiterreise,
glitzerfrei und ziemlich leise.

Die Autobahn in Richtung Norden,
verstopft von deutschen Sonntagshorden,
sie bietet Trost und Rast beim Lanz.
Die Pause lohnt sich voll und ganz.
Es darf ein Cappuccino sein,

das Tramezzino mundet fein,
und ein paar Äpfel, Käse, Wein,
packt man schließlich auch noch ein.
Zum Lokus geht's in jedem Falle
durch eine lichte, hohe Halle,
und mancher hat sich schon gefragt,
was dieser Tempel ihm wohl sagt?
Durch die Scheiben drängt das Licht,
welches sich auf Kuben bricht,
Schatten wirft und Formen schafft,
grenzenloses Spiel der Kraft
von Natur und Jahreszeiten,
engem Raum und großen Weiten.
Auch dieser Platz, steht heut, für Kenner,
symbolisch für die Ortschaft Brenner.

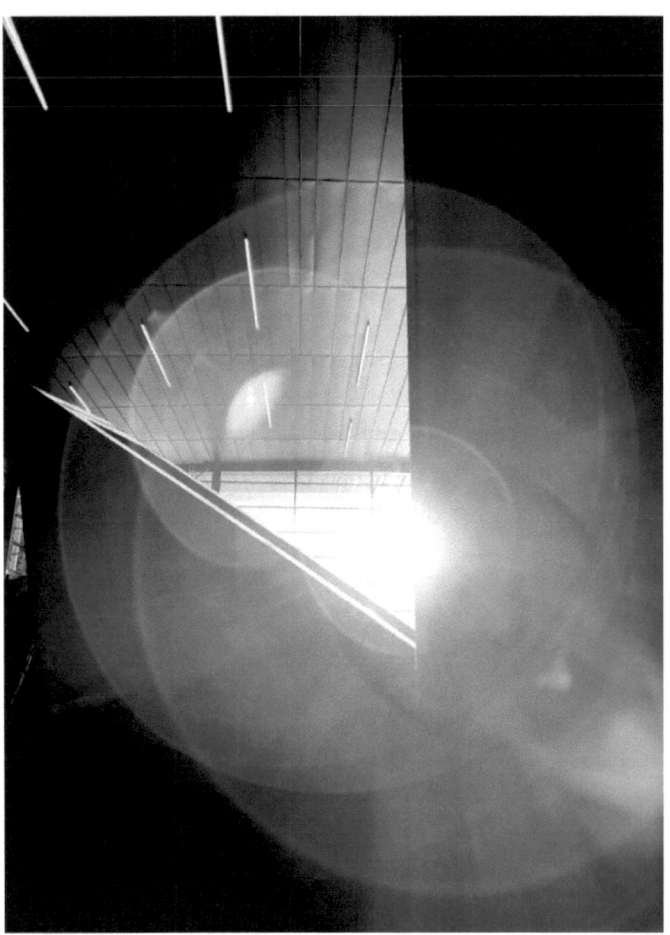

Dolomiten

Felsen, Grate, Kare, Zacken,
Schuhe, die beim Steigen zwacken,
Hütten, Kühe, Blumenwiesen,
Zwerge, Elfen, Götter, Riesen,
Erbe einer Weltkultur,
Größe und Romantik pur.

Wolkentanz und Alpenglühen,
Tropfen, die vom Himmel sprühen,
Adler, Gämsen, Murmeltiere,
heiße Suppen, kühle Biere.

Aber halt auch Menschenmassen,
Gondelbahnen, Pistentrassen,
Gletscherschmelze, Erosion,
Lichtverschmutzung und Beton.

Es bleibt zum Schluss der Blick von oben,
vom höchsten Punkt, vom Gipfel droben.
Da ist man auch nicht mehr allein
und trotzdem lichtet sich das Sein
und lässt des Menschen Blick sich klaren:
Es gilt, die Schöpfung zu bewahren.

Ötzi

Am Anfang war ja nicht mal klar,
ob er ein Südtiroler war.
Das hat man ganz schnell nachgemessen
und damit war der Käs gegessen.
Der Ötzi, da noch namenlos,
und zudem eher klein als groß,
er landete im Tiefkühlfach,
bewegungslos, doch dauerwach,
schaut er raus aus seiner Kiste.
Die Forscher haben eine Liste,
die forschen sie so an ihm ab.
Touristen kommen, nicht zu knapp,
und glotzen in die Kiste rein:
Das soll die Gletschermumie sein?
Was wohl der Ötzi, eingezwängt,
über solche Sprüche denkt?
Der Gletscher oben, der schmilzt weiter,
im Klimawandel, sonnenheiter.
Nun weiß man zwar, wie Ötzi starb,
warum im Eis er nicht verdarb,
doch was die Gletscher sonst noch bergen,
an Kriegern, Jägern, Helden, Zwergen,
das weiß man hier und heut noch nicht,
nun, irgendwann kommt es ans Licht.

Karthaus

Der Ort, er liegt an schmaler Stelle,
ist nicht verwöhnt von Sonnenhelle,
zumal im langen Winterschatten,
feuchte Mauern, graue Platten,
dazu die laute Bergesstille,
all das war sicher Gottes Wille.

Denn tritt man in den Kreuzgang ein,
wird man sofort umfangen sein
von einem tiefen Ehrgefühl.
Gewölbe, Pflaster, Schattenspiel,
gedämpftes Licht schleicht sich herein,
doch kein direkter Sonnenschein.
Das liegt am dicken Mauerwerk
und noch dazu am hohen Berg,
der vor den hohlen Fenstern wacht.
Schritt für Schritt und mit Bedacht
erobert man sich diesen Raum.

Der Kreuzgang dient als Schutz und Saum
für eine Fläche nebendran.
Man sieht sich diese Fläche an.
Sie liegt nur da und ist halt leer,
und etwas lagert irgendwer.

Der Kreuzgang führt sodann ums Eck,
dann hört er auf, ist einfach weg,
er schleicht sich so allmählich aus
und man tritt auf die Gasse raus.

Es ist, als wär ein Film vorbei,
das Licht erreicht mich wie ein Schrei,
ich muss mich erstmal neu justieren,
ein leichtes Frösteln ist zu spüren,
Gefühle, die der Kreuzgang rief,
die wirken nach und gehen tief.

Wosserwasser

Der Wal, das größte Säugetier,
war auch im Eozän nicht hier.
Doch Waale gibts seit langer Zeit,
Sie laufen kurvig, schmal und weit
durch Wälder, Wiesen, steile Hänge,
und spenden in der ganzen Länge
Wasser für die trockne Erde,
aufdass sie grün und fruchtbar werde.

Das kühle Nass, es füllt den Graben
und plätschert friedlich und erhaben
in meist recht niedrigem Gefälle,
mit einer kaum erkannten Welle.

Nur manchmal geht es plötzlich runter,
dann wird das Wosserwasser munter,
und schäumt und lärmt und tost und spritzt,
der Gast am Weg staunt ungeschützt.
Der Trubel wirkt nicht lange nach,
und bald schon ist es wieder flach.

Der Mensch kann seinen Waal erwandern,
kann mit ihm kurven und mäandern,
und mag dabei in Folge spüren,

das wird zu viel Beruhigung führen,
so bleibt der Mensch, das Säugetier,
in Waal-Gesellschaft gerne hier.

Almauftrieb und Almabtrieb

Man nennt das gern Kulturgeschichte.
Betrachtet man es in dem Lichte
von Forschung und von Wissenschaft,
dann hat's die Transhumanz geschafft,
sich an die Neuzeit anzupassen.

Ein Aufmarsch alter Nutztierrassen,
windet sich auf Schlängelpfaden
vorbei an Annas Bäckerladen,
hinauf in kahle Felsenhöhen.
Wo kaum noch karge Gräser stehen,
blöken sie sich übern Pass,
nicht selten schnee- und regennass.

Da drüben leuchtet eine Wiese,
schnell eingecheckt im Paradiese.
Erst im Herbst geht es retour,
im Hippie-Look noch vor der Schur.
Die Menschen warten vor der Hütte
und starren angestrengt zur Mitte
zwischen Gletschereis und Hang.
Es regt sich nichts, sie starren lang.
Da! Ein Hauch von hellen Klängen
in der Luft und zwischen Hängen.

Die Glocken spielen Sinfonie,
es ist ein Augenblick Magie.
Als weißer Wurm im grauen Tal,
als trüg die Bergwelt einen Schal,
schleichen sie beständig höher,
sie sind halt recht entspannte Geher.
Die Schäfer rufen, ja sie schrein.
Die Herde muss beisammen sein.
Manch kleines Schaf ist frisch geboren
und hat den Schäfer auserkoren,
der es in die Arme klemmt,
oder auf die Schultern stemmt.

Ein schönes Bild, denn Mensch und Tier,
nun, sie harmonieren hier.
An der Hütte gibt es Rast,
Versammlung vor dem Fahnenmast.
Die Lämmer kriegen Milch zu trinken,
wer stinken muss, der kann jetzt stinken.
Danach geht's weiter Richtung Tal.
Der Pfad wird rutschig, steil und schmal.
Doch ist die Stelle überwunden,
weicht die Herde in Sekunden
auf die nächste Weide aus-
so kommt sie niemals nicht nach Haus.
Gras gefressen, es geht weiter,

steile Stufen, keine Leiter,
Schließlich sind sie alle unten.
Eingekreist von volksfestbunten
Südtiroler Brauchtumskennern,
Frauen, Kindern, Hunden, Männern,
zupfen sie erschöpft am Gras,
liegen, schlafen, träumen was.
Welch ein großer Tag das war!

Es ist vollbracht für dieses Jahr.
Schaf und Mensch kuscheln sich ein,
ab morgen darf es Winter sein.

Castelfeder

Von Weitem ist er kaum zu sehen,
der Ort, er könnte untergehen,
ein kleiner Hügel nur im Blick,
auf der Autofahrt zurück,
außer man steht mal im Stau,
dann hat man Zeit und schaut genau.

Bringt alles nichts, man muss hinauf,
man folgt zerwühlter Pfade Lauf
durch Laub und Moor und kleine Bäume.
Am Hügel öffnen sich die Räume
mit altem Mauerwerk am Hang,
die Ziegen meckern da entlang
und Kinder toben drum herum,
die Bäume und die Büsche krumm.

Da gibt es tausend schöne Stellen.
Die Landschaft fließt in lauter Wellen
und plötzlich heben sich drei Bögen,
als ob seit jeher sie erwögen,
dem Menschen Ausblick hier zu schenken.
Man muss dann bloß die Augen senken
und sieht den Fluss im Glitzerlicht,
in dem die Sonne silbern bricht,

sieht Häuser, Autos, graue Flanken
konturenlos gen Himmel ranken.
Derselbe gibt sich milchig blass.
Ein Wetterwechsel, kommt da was?
Egal, was soll's, man setzt sich nieder,
man guckt und träumt, dann guckt man
wieder.
Hier heroben staunt ein jeder,
ob der Magie von Castelfeder.

BikeHike

Das Radeln, das ist Wissenschaft,
die nicht nur neues Wissen schafft,
sondern täglich Kundschaft rafft,
mit neuem Stil und noch mehr Kraft.

Vor allem da beim Mountainbiking
geht's schon fast ans Akku-Hiking,
Gewichtsverlust und noch mehr Power,
und noch mehr Technik und noch schlauer.

Mit Fully werden selbst Ostfriesen
zu hochalpinen Bikerriesen,
und geht nix mehr am letzten Zipfel,
dann trägt man halt sein Rad zum Gipfel.

Die Wandersleute sind erbost,
wer sich da ächzend kurzbehost
von allen Seiten höherdrängelt
und runterbremst und rüberschlängelt.

Nun, es wird eng, das muss man sagen
in schon fast allen Höhenlagen,
und jeder denkt, der Berg ist seiner,
die Murmeltiere, die fragt keiner.

Sie pfeifen halt so oft wie nie
die *Vorsicht Menschen*-Melodie.

Der Jahreslauf hat seinen Zweck,
denn irgendwann sind alle weg,
dann freuen sich die Murmeltiere,
denn die Berge, das sind ihre.

Die Etsch

Ein jeder Fluss hat eine Quelle,
sie ist der Anfang vom Gefälle,
zumeist recht niedlich anzusehn,
danach kann's nur mehr abwärts gehn.

Die Etsch entspringt im Wald am Reschen,
doch statt beschleunigt vorzupreschen,
plätschert sie durch eine Wiese,
ein Rinnsal und noch lang kein Riese.

Im Reschensee geht sie verloren,
sein Abfluss lässt sie ungeschoren
doch weiter bis Verona ziehen.
Ein Riese, strömt sie ohne Mühen,
durch das Veneto Richtung Osten,
passiert als letzten Außenposten
einen hohen Aussichtsturm,
sich windend wie ein Riesenwurm.

Das Abendlicht malt Glitzerwellen
und scheint den Strom bleich aufzuhellen.
Richtung Meer herrscht grün und braun,
das Wasser teilt, schön anzuschaun
sich um das Schilf und um die Bäume:

Ein Netzwerk voller Ufersäume,
von Vögeln permanent umflogen.

Im Rhythmus klatschen flache Wogen
ganz am Ende hinterm Damm
auf den blauen Wellenkamm,
der vom Horizont berichtet
und den Fluss mit Salz verdichtet.

Es mischt sich, dann ist alles gleich
im endlos weiten Wasserreich,
vom Reschen bis zur Adria,
so weit entfernt und doch so nah.

Die Sachsenklemme

Der Eisack fließt an dieser Stelle
flott mit einer steilen Welle,
und das Tal ist schmal und dunkel.
Das historische Gemunkel,
es erzählt von den Soldaten,
die hier in die Falle traten.
Spitze Felsen, steile Hänge,
und oberhalb von dieser Enge
lauerten Tiroler Kämpfer.
Für die Sachsen war's ein Dämpfer,
denn sie wurden hier zerrieben,
so zumindest steht's geschrieben.
Heute ist die Sachsenklemme
die lokale Bierkaschemme,
und der Hofer, noch am Leben,
er würd sich eine Pizza geben.

Tourismus

Schloss Trautmannsdorff ist so ein Ort,
da will man hin und wieder fort.
Der Garten dort ist echt ein Traum.
Alleine, man genießt ihn kaum,
weil rechts und links die Menschenmassen
nur wenig Platz zum Atmen lassen.

Tourismus heißt der Kampfbegriff,
der Südtirol von jeher schliff,
der die Region von jeher formte,
entwickelte, begrenzte, normte.
Man sagt, das sei halt Fluch und Sehen
und sucht nach jenen Lösungswegen,
die allen Seiten Frieden bringen.
Da wird man wohl noch lange ringen,
denn diese Wege gibt es nicht.
Mehr Sanftheit heißt halt auch Verzicht.
Heißt keine neuen Gondeln mehr
und noch mehr Regeln beim Verkehr,
heißt sicher keine neuen Pisten,
und heißt bestimmt nicht mehr Touristen.

Schloss Trautmannsdorff ist so ein Ort.
Es gibt auch ein Museum dort.

Da wird Tourismus nachbelichtet,
es wird berichtet und gewichtet,
der Blick zurück, auf die, die reisen,
kann durchaus in die Zukunft weisen.

Pizza Napoletana beim Putzer

Die Pizza ist Neapels Kind,
eroberte die Welt geschwind,
eroberte auch Südtirol,
und sorgt für euer Leibeswohl.

Auf geht's, gehn wir Pizza essen,
testen, schmecken und vermessen.
Hier gibts die Napoli-Version,
Original, man freut sich schon.

Der Teller kommt, die Augen groß:
Was ist denn hier beim Putzer los?
Der Rand, breit wie ein Autoreifen,
doch schon beim allerersten greifen
stellt sich raus, das ist nur Luft
in zarter Mehl- und Wassergruft.
So leicht, so kross, es knackt im Mund,
Tomatensüße, rot und rund.
Knoblauchzehen, schärfeduftig,
Mozzarella, weich und luftig,
die Pizza ist ein Kunstgenuss.
Sie zu erobern ist ein Muß,
das gilt auch hier im Pustertal,
Napoletana ist die Wahl!

Drei Zinnen

Im Grunde liegen sie weit drinnen,
die steilen Zacken der drei Zinnen.
So sehr sie jedes Foto schmücken,
und jedes Berglerherz beglücken,
ihr Angesicht bleibt recht versteckt.
Wenn man den *classic view* bezweckt,
dann muss man zum *Dreizinnenblick*,
und das ist ein schönes Stück
zwischen Toblach und Cortina,
das Fernglas ist da guter Diener.
Oder man steigt gleich zur Mitte
aufwärts zur Dreizinnenhütte.
Da steht man dann direkt davor.
Drei Zacken vor dem Himmelstor,
so machtbewusst empfängt der Berg
den ehrfurchtsvollen Menschenzwerg,
derselbe zeigt sich ganz von Sinnen
vor dem Antlitz der drei Zinnen.

Tris

Drei Knödel, die sind hier ein Tris,
ob dieses Trio stets so hieß,
das wissen nicht mal mehr die Alten,
trotz hoher Stirn mit Denkerfalten.

Zumal es Varianten gibt,
die mancher Gast genauso liebt,
er will nur zwei, das ist ein Bis,
und schmeckt genauso gut, gewiss.

Was ist denn nun der Klassik-Dreier?
Der Südtiroler denkt: Auweia!
Spinat und Käse und noch Speck,
das ist schon nah am Daseinszweck.

Erdbeer, Rone und Marille,
stehn für Süße und für Fülle,
Kaspressknödel stehn für deftig,
Graukasknödl ähnlich heftig,
geschmolzne Butter rinnt darüber,
der Magen denkt, er sei hinüber,
drum kriegt er den finalen Klaps
mit einem selbstgebrannten Schnaps.

Das Viertelbier

Dieses Bier verleitet schon
zu mancherlei Assoziation.
Steckt da nur ein Viertelliter
in der Flasche, das wär bitter.
Denn das ist das Maß vom Wein:
Darf es noch ein Vierterl sein?
Steht das Viertel für Prozente,
taugt es bloß für Abstinente-
es ist das Viertel vom Prozent,
was man alkoholfrei nennt.

Bleibt nur noch das Regionale:
Ist das Bier aus diesem Tale,
aus der Hofstatt, aus dem Ort,
aus dem Hoamatviertel dort?
Braut und trinkt man es nur hier?
Dann ist's ein echtes Viertelbier!

Die Italiener

Das Thema ist, wie soll ich sagen,
ein Zweikampf zwischen Herz und Magen.
Dann kommt auch noch der Kopf dazu,
und das summiert sich dann im Nu
zu einem recht komplexen Mix,
nein, einfach ist da wahrlich nix.

Historisch ist der Italiener Feind,
man wurde mit ihm zwangsvereint.
Und heute kommt er als Tourist,
der Knödel, Schlutzer, Krapfen isst.
Doch nervt er auch als Bürokrat
und mäkelt rum am Krautsalat.
Er hat dafür die Bars gebracht,
gezeigt, wie man Espresso macht.
Er hat die Sprache eingeführt,
viele sagen, oktroyiert,
doch wenn ihr heut nach Süden reist,
dann ist Verständnis eingepreist.

Als Gast, da lässt er reichlich Kohle,
das dient dem Südtiroler Wohle,
er kommt halt stets in Riesengruppen,
das ist nicht immer leicht zu wuppen.

Was wirklich euch nicht recht behagt,
ist, wenn der Deutsche *grazie* sagt.
Er denkt halt noch, *sein* Südtirol,
gehört ja zu Italien wohl.

Da denkt der Deutsche etwas schlicht.
Denn stimmt's zwar, doch es stimmt halt nicht.

Ladinien

Ein Land, ein Raum, eine Region,
ein Traum, ein Wunsch, eine Vision,
ein weicher, warmer Sprachenton
als Anti-Assimilation?
Das alles ist Ladinien schon.

Das alles ist Ladinien auch.
Es ist auch ein Gefühl im Bauch,
ein Blick, ein Lied und eine Tracht
ein Herzschlag, eine Sommernacht,
ein Sternenmeer am Firmament,
vereint und doch provinzgetrennt.

Ladinien ist aus Zirbenholz,
es duftet fein und voller Stolz,
es schmeckt auch deftig, ein Gericht,
aus dem das Salz der Ahnen spricht.

Ladinien, das ist auch modern,
die Menschen leben nah und fern,
sie kehren meist hierher zurück
und sie verändern sich ein Stück,
damit sie bleiben, wer sie sind.
Ladinien ist ein Ast im Wind.

Täler

Südtiroler sind sie alle,
doch man ist in jedem Falle,
noch viel mehr und noch konkreter,
Heidi, Anna, Josef, Peter-
nun, *das* hab ich nicht gemeint!
Man ist in seinem Tal vereint,
verwandt, verbunden und versteckt
und kennt sich gleich am Dialekt.
Ein Tal hat Felder und auch Hänge,
manchmal Weite, oftmals Enge,
ein Tal hat langen Winterschatten
und farbenfrohe Frühlingsmatten.
Kleine Dörfer, enge Gassen
und wenn es regnet, Wassermassen.
Ein Tal pflegt gute Nachbarschaft,
auch manchmal mit Zerstörungskraft:
Fehden, Streit, Familienkriege.
Am Ende stehn oft Pyrrhussiege.
Der Wind, der durch die Täler weht,
er hinterlässt Identität,
und braust er übern Gipfelkamm,
dann halten unten alle zsamm.
Es heißt, in einem Tal zu leben,
verändern und bewahren eben.

Die Alm

Ob Lüsner, Bonner oder Seiser,
auf einer Alm, da ist es leiser,
die Farben leuchten klar und satter,
die frische Luft macht einen platter,
man achtet auf potente Stiere
und freut sich über Murmeltiere.
Man wirft sich einfach in die Wiese
und fühlt sich wie ein junger Riese,
sieht über sich den Adler fliegen
und bleibt ganz einfach erst mal liegen.
Am Horizont sind immer Gipfel,
darunter spitze Lärchenwipfel,
es zieht was in die Nase rein,
da muss wohl eine Hütte sein.
Nun, die moderne Almenküche,
sie glänzt nicht nur durch Wohlgerüche,
sie ist ein Ausdruck hoher Kunst,
im mittäglichen Alpendunst.
Was auch noch duftet, sind die Fladen,
durchsetzt mit fiesen kleinen Maden,
und was so rumschwirrt, das sind Fliegen.
Das wars mit dem im Grase liegen.
Im Bergschuh dampft der Sockenqualm.
So geht es zu auf einer Alm.

Hüttennächte

Wer nun naiv und arglos dächte,
nichts schöneres als Hüttennächte,
der hat recht vieles nicht bedacht
oder es noch nie gemacht.

Klar gibt es manchmal Doppelzimmer,
doch das Gestöhne und Gewimmer
von Magendruck und Lustgefühl
lässt keinen Nachbarschläfer kühl,
zumal die netten Zimmerwände,
nicht Wände sind, das ist Legende.

Unschlagbar griffig ist im Grip
der Bettenlagergruppentrip.
Man kämpft sich hin zu seiner Stelle,
da müsste doch, auf alle Fälle…
da liegt schon einer und er grunzt,
der Platz ist nun schon mal verhunzt.

Man dreht sich um und stellt sich dumm,
hält Abstand von dem Grunzertrumm,
welches später unerwartet
ein Intervallgeschnarche startet.
Das abzuspalten, ist ein Klacks

mit fröhlich buntem Ohropax,
doch das, oh weh, hat sich entzogen
und scheint wohl unters Bett geflogen.

Im Bettenlager ist es bald,
zu heiß, zu schwül und auch zu kalt,
von irgendwo, da kommt ein Zug,
und zugleich zieht es nicht genug,
denn konzentrierter Menschenduft
verdrängt die letzte frische Luft.

Das Auge fällt dann schon mal zu,
Und sorgt für eine kurze Ruh.
Die Ruh ist kurz, denn unvermittelt
wird man seitlich durchgeschüttelt,
es klettern welche obendrüber
im morgendlichen Gipfelfieber.

Man muss jetzt los in großer Dichte,
die Hüttennacht ist schon Geschichte.
Es bleiben dunkle Augenränder
und eingezwickte Rückenbänder.
Noch eine Schlange vor dem Klo,
auch wenn es drückt, das ist halt so.
Kaffee, Toast und Butterkrümel,
Sitzbankbergschuhschnürgetümel.

Rucksack rauf und durch die Tür,
und ein Hauch Naturgespür.
Es geht jetzt aufwärts, *hüstel, schnäuz*
da oben blinkt das Gipfelkreuz.

Kronplatz

Was setzt dem Platz die Krone auf?
Es fehlt ein Kronplatz-Rückwärtslauf!
Sonst gibt s ja alles schon hier oben,
die Kinder können endlos toben,
es gibt auch einen Klettergarten,
die Riesenschaukel für die Harten,
die Friedensglocke für die Denker,
den Ausblick für die Handy-Schwenker,
und jede Menge Bergstationen,
und falls hier Murmeltiere wohnen,
dann sind sie nie nicht menschenscheu,
sondern eher massentreu.
Museen gibt es deren zwei,
und welches nun das Bessre sei,
ist wirklich schwerlich zu entscheiden,
es lohnt ein Aufenthalt in Beiden.
Im Winter ist es oben weiß
und unterm Skihelm steht der Schweiß.
Der Kronplatz ist ein Hochplateau,
ein recht urbanes, oder so.
Verdichtet bis zum Gehtnichtmehr,
macht er trotz allem noch was her.
Entdeckt man ihn an seinen Rändern,
mit saftig grünen Wiesenbändern

und Pustertal und Geislerspitzen,
und Wolken, die darüber sitzen,
dann hat der Kronplatz, glaubt man kaum,
Besinnlichkeit und Zeit und Raum.

Gemeindeleben

Am Dorf, da ist man nicht alleine,
es warten nicht nur die Vereine.
In dieser Subkulturenwelt
ist Südtirol gut aufgestellt.

Es gibt zumeist ein Bürgerhaus,
das sieht oft richtig edel aus,
daneben öffnet sich ein Platz,
für Feste, Feiern, Alltagsschwatz.
Nicht selten thront da eine kühne,
kunstvoll überdachte Bühne.
Dies ist hier eine Schlüsselstelle
und Auftrittsort der Blaskapelle.
Doch spielt man auch Theaterstücke
und ehrt besondre Augenblicke,
wo dann der Bürgermeister spricht
mit Stolz und Freude im Gesicht.

Das ist nicht alles an Strukturen.
Der Skiclub setzt im Winter Spuren,
der Reitverein bespielt die Pferde,
die Bauern widmen sich der Erde.
Die Jäger treffen sich zum Jagen,
die Schützen wolln den Bestwert schlagen.

Dann gibt es noch die Feuerretter.
Bei jedem Unfall, jedem Wetter,
sind sie blitzschnell startbereit
und das ist keine Kleinigkeit!

Das Jahr ist zudem voller Feste,
das Dorf empfängt auch gerne Gäste.
Dann gibt es Stimmung, Bier und Trachten
und Mädels, die nach Kerlen schmachten.
Äpfel, Sonnwend, Keschtnröster
Rotwein, Weißwein, alte Klöster,
Auftrieb, Abtrieb all der Kühe-
die Dörfler scheuen keine Mühe,
den Lebensalltag zu begießen.
So kann Gemeindeleben sprießen.

Herbert Pixner Projekt

Wer jemals dort am Jaufenpass
an diesem Flecken Wasser saß,
am Horizont die Wetterblitze
ganz nahe an der Jaufenspitze,
wer jemals diese Gräser roch
zwischen Senke, See und Joch,
getragen von dem hellen Klang,
der sich hinauf zum Himmel schwang,
wer jemals dort gewesen ist,
bleibt lebenslanger Pixnerist.
Am Boden blinkte bald der Tau,
die Luft, erst milde, wurde lau,
am Grat dort drüben stand die Kuh
und hörte unaufhörlich zu,
ohne jemals nur zu wackeln.
Das Ufer blau im Schein der Fackeln,
die Grillen zirpen laut im Takt,
der spitze Stein am Hintern zwackt,
das Glaserl Rotwein ist fast leer,
das letzte Stück vom Herbert schwer,
die Nacht sinkt unerbittlich nieder,
wir wissen es, wir kommen wieder,
denn keine Klangwelt ist *sooo* schee
wie Pixnerisch am Flecknersee!

Apfelblüte

Es ist die Zeit, bevor es startet,
wo jeder auf das Frühjahr wartet,
Und eines Morgens wachst du auf
und auf den alten Ästen drauf,
da sitzen zarte weiße Blüten,
die sanfte, rote Knospen hüten.
Die ganze Landschaft glänzt in Weiß,
durchsummt von regem Bienenfleiß.
Man merkt es kaum, wie nebenbei
geht die Blütenpracht vorbei.
Grüne Blätter, saftig dichte,
schützen grüngelbrote Früchte.
Die, dick und fest und knackig-rund,
rufen laut: *Ich bin gesund!*
Es kommt, worauf der Gartler wartet:
Die Zeit der Apfelernte startet.
Das Fallobst ruht schon in der Wiese
und eine süßlich-faule Brise
lockt Käfer, Wespen, Hummeln an.
Doch hängt der größte Teil noch oben.
Schnell die Leiter rangeschoben,
raufgekraxelt, sich gestreckt,
weil der schönste oben steckt,
Ast gebogen, dran gezogen

und der schönste kommt geflogen.
Aufgefangen, eingesackt,
in den Apfelkorb gepackt.
Heimgetragen, nach Ermessen
ganz genüsslich aufgegessen.

Oktoberreben

Goldgelbe Reben stehn vor der Terrasse,
Stock für Stock in schier endloser Masse,
ein Teppich gewellt bis zum Himmelsrand,
am Morgen als ruhige und kräftige Wand,
Mittags dann im erwachenden Wind,
sanftes Geraschel sacht und geschwind.
Nachmittags brütend im grellen Licht,
ächzend unter der Trauben Gewicht.
Abends im warmen Farbenschein,
aus roter Erde wächst kräftiger Wein.
Manch einer hält inne und pflückt eine Beere,
ach, wenn doch das Leben nur immer so wäre!

Am Morgen ein fröhliches Rufen und Lachen.
Ich schrecke empor, welch ein zu jähes
Erwachen!
Kommandos, Witze, Klappern und Raunen
Der Blick zu den Reben erklärt mein Erstaunen:
Ich sehe sie, dunkelgebräunte Gestalten
im grünen Traubenmeer schalten und walten,
die Eimer voll Beeren zum Anhänger tragen.
So füllt sich allmählich der Ladewagen,
Last um Last, auch im Mittagslicht
pausieren die rastlosen Arbeiter nicht.

Erst wenn am Abend die Schatten sich senken,
halten sie ein, um des Tags zu gedenken.
Der Boden strahlt warm noch vom herbstlichen
Licht.
Viel ist geschafft, aber alles noch nicht.

Grenzstein

Verborgen unter welkem Gras
liegt steingehaunes Flächenmaß,
vergessen selbst von der Natur,
verwachsen schon mit jener Flur,
die damals es begrenzen sollte,
weil der Grundherr es so wollte.
Zeichenmuster, kaum zu lesen,
was klare einstmals Schrift gewesen.
Der Stein durchkreuzt von groben Rillen,
die sich mit Regenwasser füllen.
Verwaschnes Moos in kleinen Flecken,
in denen Käfer sich verstecken.
So wird, was grenzenlos verfällt,
zum Kosmos einer eignen Welt,
und wir spazieren dran vorbei,
ganz ohne Ausweis, frank und frei.
Ich denke manchmal, wie vermessen,
wir haben es schon fast vergessen,
weil lange schon der Grenzstein ruht:
Die Freiheit ist ein hohes Gut.

Südtiroler Idylle

Es ist schon so, in Südtirol
fühlt der Gast sich einfach wohl.

Vom Almenrausch zur Kirchturmspitze,
vom Kaiserschmarrn zur Sennermütze,
ist alles echt, macht alles Sinn
und gehört genau da hin.

Die Italiener mag nicht jeder
doch lauthals zieht man nicht vom Leder,
weil sie auch Wohlstand generieren.
Neben Schafen, Ziegen, Stieren
käuen sittsam Heumilchkühe
unterm Dolomitgeglühe.

Die Bienen sammeln. Was sie haben,
lagern sie in ihren Waben,
aus denen Wiesenhonig tropft.

Eingeglast und umgetopft,
thront er dann im Bioladen
neben Ultner Schüttelfladen.

Die Apfelblüte, eine Schau,
man kürt die Apfelblütenfrau,
adrett im Dirndl und nicht nackig.
Die Äpfel rund und rot und knackig,
kein Wurm darin, der Biss ist fest,
wie lange der sich lagern lässt!
Traktoren klein, mit einem Hebel
versprühen Frühjahrs schamhaft Nebel,
das ist gewiss nicht Apfelsaft.

Was Südtirol ganz prächtig schafft,
den Blick auf das zu fokussieren,
was die Gäste honorieren.

Damit ihr mich nicht falsch versteht:
Das ist auch eine Qualität.
Wer Schönheit baut und Träume sät,
den schließt man ein ins Nachtgebet.

Der Gast schläft gut in Südtirol.
Auch deshalb fühlt er sich so wohl.

Schneekanonen

Des Wortes Sinn verwundert eh:
Kanonenfeuer wird zu Schnee?
Nun, Feuer braucht man eben nicht,
Kanonen machen Wasser dicht
und pressen es dann auf die Piste-
wenn das der Bonaparte wüsste!

Schneekanonen glänzen bunt,
vorne ist die Öffnung rund.
Aus endlos vielen kleinen Düsen
weißeln sie die steilen Wiesen,
und wenn das Wintersonnenlicht
sich in den Eiskristallen bricht,
dann schaut das echt romantisch aus.

Der Zirkus, der in Saus und Braus
vom Schneekanonenfutter lebt,
ist jährlich wieder neu bestrebt,
den Klimawandel auszulachen.
Wem graust denn bloß vor derlei Sachen?

Da baut man lieber noch ne Piste,
und plant noch ein paar Liftgerüste,
und gründet einen Skiverbund,
das macht die ganze Sache rund.

Im Sommer sieht man runde Seen
recht zwanglos in der Landschaft stehn.
Sie speichern das Kanonenwasser,
die Landschaft wird dadurch nicht nasser.

Am grünen Wald, in grüner Wiese,
da thront ein silbergelber Riese,
der grad die Sommerzeit verpennt,
als Schneekanonenmonument.

Speck

Hier geht's um Speck aus Südtirol,
der hat ein hübsches Siegel wohl,
doch meistens stammt sein Ursprungstier
von irgendwo, doch nicht von hier,
vielleicht aus einem Massenstall,
vielleicht sogar ein Tierschutzfall.

Das will nun aber keiner wissen,
man muss es ja nicht wissen müssen,
geräuchert ist der Speck lokal
und folglich völlig regional.

Juristisch ist da nichts dabei.
Ein bisschen Augenwischerei,
doch alle kaufen diesen Speck,
wie warme Semmeln geht der weg.

Ein paar so Schweine gibts ja doch,
die wühlen zwischen Alp und Joch
in schwarzer Südtiroler Erde,
auf dass ihr Schinken schmackhaft werde.
Nach schöner Zeit im Heimatdreck,
da werden sie zu Bauernspeck,
das ist der kleine Unterschied
am Ende von dem Ferkellied.

Käse

Am Anfang steht die Almenwiese.
Und Kühe, die beweiden diese,
oder Schafe oder Ziegen,
die mal grasen und mal liegen.
Das machen sie tagaus, tagein,
bei Regen und bei Sonnenschein.
Sie scheinen keinen Stress zu kennen,
man kann das auch entschleunigt nennen.

Ist allerdings das Euter voll,
dann finden sie das nicht so toll.
Drum werden sie ja auch gemolken.
Die Milch, in schaumig weißen Wolken,
macht sich dann auf ihre Reise,
wird auf wundersame Weise
und durch Käser*innenhände
schließlich reifend zur Legende.

Mild und würzig, weich und hart
schimmelkräftig oder zart,
mit Wein und Kräutern in der Rinde-
ein jeder Laib verführt zur Sünde.
Ein Roter, trocken, noch dazu,
ein Schüttelbrot und Speck. Im Nu
wähnt man sich im Paradiese,
so wie das Milchvieh auf der Wiese.

Ziegen

Der Wald ist still und herbstlich trocken,
doch plötzlich hört man helle Glocken,
sie wandern hallend übern Hang,
die Stämme brechen ihren Klang.
Woher sie kommen, sieht man nicht,
bewegungsloses Dämmerlicht.
Der Pfad wird steiler, führt hinunter,
am Fuß des Abhangs kraxelts munter.
Es sind die Ziegen, weiß und braun,
mit Barthaar putzig anzuschaun.
Sie rupfen eifrig dürres Gras,
und schlecken dies und zupfen das.
Und kommst du hin, gehn sie nicht weg,
verpassen dir nen Jackenschleck,
sie schnuppern hinten, schnuppern vorn,
und stupsen dich mit ihrem Horn.
Wenn du sie kraulst, sind sie zufrieden.
Sie leben hier recht abgeschieden,
doch dafür sind sie ungebunden
und drehen kauend Kletterrunden.
Du wanderst weiter, und noch lang
begleitet dich ihr Glockenklang.
Am Almdorf steht ein großes Schild
Ziegenkäse-kräftig? Mild?
Du kaufst ihn ein und isst ihn bald,
er schmeckt nach Ziege und nach Wald.

Messner

Den Mann in ein Gedicht zu packen,
ist wirklich keine Kleinigkeit,
er ist der Herr der Gipfelzacken
und Meister der Erhabenheit.

Sein Bart ist zeitlos wie die Mähne,
und was er spricht, hat tiefen Sinn,
und jede neue graue Strähne
führt näher ans Nirwana hin.

Sein Wirken ist schon jetzt Legende,
er hat es bestens konserviert,
im Buchregal reihn sich die Bände,
in denen er philosophiert.

Er reist herum durch Stadt und Land,
stets auf der Suche nach der Quelle,
und als man damals Ötzi fand,
da war er schnell an Ort und Stelle.

Sein Heimatland ist ihm verbunden,
er hat ihm Ruhm und Ehr gebracht,
doch manchmal fühlt es sich geschunden
von seiner Selbstvermarktungsmacht.

Die Berge warn und sind sein Leben,
er will sie schützen und bewahren
und ihnen eine Zukunft geben,
im Antlitz der Touristenscharen.

Das ist Dilemma und sein Erbe,
man muss es ehrlich einmal sagen,
er nährt sich selbst von dem Gewerbe
und was er rief, will er verjagen.

Sein Herz hängt an den Geislerspitzen,
da kommt er her, da will er hin.
Dereinst bleibt er dort oben sitzen,
und reckt sein formidables Kinn
als Zackenspitz ins Firmament,
drauf hoffend, dass man ihn erkennt.

Graun

Das Wasser ist mal blau, mal grün,
der alte graue Turm steht kühn
und einsam in den kalten Fluten.
Am Ufer führen Radlrouten
um den See und übern Damm,
mal geteert und mal im Schlamm.
Surfer flitzen auf den Wellen,
und an manchen Aussichtstellen
gucken Menschen, ja, wohin?
Dieser Ort hat seinen Sinn
schon vor langer Zeit verloren.
Höfe wurden kahlgeschoren,
Menschen mussten bergwärts fliehen
und in neue Häuser ziehen.
Geschichte(n) wurde(n) ausradiert,
was heute kein Tourist mehr spürt.
Der Stausee schimmert blankpoliert,
die Berge blinken teilrasiert,
und nur der alte graue Turm
trotzt unverdrossen jedem Sturm,
straft schweigend als ein Fingerzeig
die Sünden bis in Ewigkeit.

St. Sisinius in Laas

Schon kaser* hat sie einst beschrieben
und seither ist sie stehngeblieben,
die Zeit. Doch auch die Kirchenmauer,
sie wird nur noch ganz langsam grauer.

Das Schiff geduckt, der Turm gedrungen.
Und, unterschiedlich hoch geschwungen,
läuft drumherum ein Band aus Steinen,
die Schutz und Ruh zu geben scheinen.

Im Innern dröhnt die karge Stille,
als war es der Erbauer Wille,
im schlichten Nichts die Zeit zu fangen.
Ihr Plan ist wahrlich aufgegangen.

Wie schrieb der kaser? Tausend Jahre?
Da liegt ein Mensch längst auf der Bahre,
und doch ist's nur ein Wimpernschlag
im ewiglichen Kirchentag.

*norbert c. kaser, leider viel zu früh verstorbener Südtiroler
Schriftsteller und Poet

Die Lärche

Die Lärche ist ein Alpenbaum,
sie wächst so hoch auf kargstem Raum
und klammert sich an Fels und Stein,
als möcht sie nicht woanders sein.

Sie glänzt mit hellen, feinen Nadeln
und oftmals stämmig-dicken Wadeln.
Am Boden lässt sie reichlich Licht
der erdennahen Lebensschicht.

Der Borkenkäfer mag sie nicht,
und darum ist das Angesicht
des Lärchenwaldes narbenfrei,
und das ist gar nicht einerlei.

Im späten Herbst, oft über Nacht,
enthüllt sie eine Farbenpracht,
als hätte eine höh're Macht
ein Feuer, lodernd, angefacht.

In gelb, orange, in rot und Rost,
und ungestört vom ersten Frost,
beschenkt die Lärche die Natur
mit buntgestreuter Nadelkur.

Erst wenn die erste Flocke fällt,
bedeckt das Weiß die Lärchenwelt,
die Bäume schlafen, still und kahl
und träumen schon vom nächsten Mal.

Oberfinserhof

Die Hühner laufen hin und her,
man kann auch sagen, kreuz und quer.
Am Boden hocken junge Katzen,
die Hühner gackern, nein, sie schwatzen,
am Eck, da blüht ein Rosenstrauch,
aus dem Kamin steigt grauer Rauch
zum Himmel wie ein dünner Faden.
Am Schlern, da dräuen Wolkenschwaden.

Die Bäurin schaut zur Tür heraus
und bittet uns hinein ins Haus.
Es knarzt die Diele, dicke Mauern
lassen wohlig uns erschauern.
Was könnten sie uns wohl berichten,
an Sagen, Märchen und Geschichten?

Vom Flur geht's in die Stube rein,
die Luft ist warm und riecht nach Wein.
Am Tisch im Eck, da sitzen Herren,
die gestenreich und lauthals plärren,
beseelt von ihrer Emotion
und Leidenschaft im Unterton.
Fast schwarz zeigt sich das Holz der Wände,
der weiße Ofen wärmt die Hände.
Wir setzen uns, und unser Blick
erforscht die Stube Stück für Stück.

Das Kruzifix, die Bilderrahmen,
die alten Fotos ohne Namen.
Und dann wird auch schon aufgetischt,
Gaumenfreuden, bunt gemischt,
Schlutzer, Knödel, junger Wein,
und darf es noch ein Krapfen sein?
Alles frisch und dampfend heiß,
man schmeckt die Liebe und den Fleiß,
und in der Stube steht die Zeit,
der Alltag draußen scheint ganz weit.

Durchs Fenster glimmt ein roter Streifen,
die Wolken binden schwarze Schleifen,
es ist grad fünf und noch nicht acht.
Kühl wartet die Novembernacht.
Doch uns ist warm und das Gesicht
glänzt rot im trüben Stubenlicht.
Die Herren weg, der Teller leer,
die Stille senkt sich leicht, nicht schwer,
erfüllt die Stube, und sie tut
dem Geiste und der Seele gut.

Lago di Garda

Wieder langes Wochenende!
Der Impuls ist längst Legende,
schnell gepackt und losgefahren,
Münchner*innen stehn in Scharen
schon im Stau auf der A 8-
Augen zu und mitgemacht!

Rein ins Inntal schiebt man schnell,
dort bremst das Ösi-GL.
Tempo hundert, Umwelt schützen,
runterchillen, nicht erhitzen!

Leicht gesagt, bei Rovereto
stoppt der Kühler durch sein Veto.
Stunden später, fast schon Nacht,
das Auto wieder fit gemacht.

Straßenränder mit Geschäften.
Mancher konsumiert nach Kräften.

Plötzlich liegt er da, der See.
Blau und weit und einfach schee.
Die Küstenlinie schwingt gekonnt
zum weichen Dunst am Horizont,
wo graue Luft ganz sacht vibriert,
bevor sie sich im Nichts verliert.

Der Anblick ist ein Donnerschlag
und Höhepunkt vom Reisetag.
Dann fährt man runter, Schritt für Schritt,
in Torbole beim Wärterhaus,
da schaut es schon nach Süden aus.

Die Boote bunt, und an der Mole
leuchten rötlich Aperole.
Man guckt da hin und fährt vorbei,
denn nirgends ist ein Parkplatz frei.

So ist der Deutschen liebster See,
er macht sie froh und er tut weh.

BikeMania

Das Land am Lago ist bestimmt
historisch auf das Bike getrimmt.
Es gab bereits vor 30 Jahren,
als anderswo nur Hiker waren,
Singletrails mit Flow und Speed,
und Wettbewerb und Unterschied.

Besonders Arco wurde bald
Zum Mittelpunkt der Radgewalt.
Geschäfte wuchsen aus der Erde
Als Futtertrog der Bikerherde.
Und plötzlich kam zur Arco-Klasse,
die richtig breite Biker-Masse:
Sie waren dick, zumindest fest
und doch im Höhenmetertest
mit rundem Tritt und weichen Knie,
empowert von der Batterie.

Auf vielen ortsbekannten Routen,
galt es sich nunmehr zu sputen,
um den Auflauf zu vermeiden.
Der Tremalzo lässt dich leiden
und da reicht kein Akku nicht,
weshalb mit glänzendem Gesicht
die Akkulosen reüssieren
und echten Schmerz im Schenkel spüren.

Der Mensch mit Akku fährt Ponale.
Er kurbelt und mit einem Male
steht er vor dem Tennosee,
sein Schenkel tut ihm gar nicht weh.
Er schaut die Palafitte an,
isst einen Keks und rollt sodann
gebremsten Flows zum Lago runter.

Ein Hugo *ex,* ein grünlich bunter,
dann schnell zurück ins Ferienhaus,
den Deckel auf, den Akku raus,
der ist am Ende seiner Kraft
und braucht jetzt dringend frischen Saft!

Unten, oben und anderswo

Ob Arco, Riva, ob Limone,
ein jeder Ort gilt als Ikone,
und ist beständig frequentiert,
was stets zu Stau und Parknot führt.
Auch weiter südlich ist das so
in Desenzano und Salò.
Der weite Platz in Bardolino
ist sommers prallgefülltes Kino,
und auch am Baldo, Bergstation,
drängelt man auf dem Balkon.

Nun, selbst am Lago gibt es Flecken,
da kann man noch sich selbst entdecken,
da rennt sonst einfach niemand rum,
da bleibt sogar das Handy stumm.
Auf Almen stehen alte Hütten
und Schweine grunzen aus den Schütten.
Feste dicke Buchenstämme
ragen vor die Gipfelkämme,
diese Bäume, sie sind Riesen.
Im Juni blühen bunte Wiesen,
und weiter oben, zwischen Felsen
sonnen sich mit dicken Hälsen
gutgenährte Murmeltiere.
Wenn *jeder* wieder dorthin führe…,
doch das macht ja *jeder* nicht.

Denn *jeder* bräunt sich sein Gesicht,
im Liegesessel, dicht an dicht
beim Aperol am Uferlicht,
nur *einer* kommt bis zum Caplone.
Dem *einen* winkt die Siegerkrone,
am Gipfel liegt im Mai noch Schnee,
am Horizont glänzt blau der See.

Zwischen Himmel und Erde

Der Grat steigt zackig in den Himmel,
und jeden Tritt sieht man genau.
Am Morgen, früh, vor dem Gewimmel,
da kraxelt man ins Himmelsblau.

Im Buch stand b, und manchmal c,
mit Technik und mit etwas Kraft,
tut uns das nicht wirklich nicht weh,
wir haben andres schon geschafft.

Schöne Griffe, feste Ränder
und ein Seil hilft immer mit
vorwärts über schmale Bänder,
die Ferrata ist der Hit!

Um die Ecke eine Stelle
die gewaltig aufwärts ragt,
deren Fläche auf die Schnelle
mir zunächst mal gar nichts sagt.

Sie sagt mir nichts, weil da nichts ist,
und was ich seh, ist sehr weit oben,
weit mehr als sonst mein Schrittmaß misst.
Da hülfe höchstens: angeschoben.

Zum Schieben ist nur keiner hier,
ein paar Versuche scheitern kläglich,
das wird jetzt schwierig, dämmert mir
denn die Arthrose rührt sich täglich.

Die Kraft im Arm lässt auch schon nach,
das ist der blöde Unterzucker,
worauf ich mir Gedanken mach,
es fehlt mir grad der Powerschlucker.

Ich halte ein und atme tief,
ich muss da hoch, es hilft ja nichts.
Ich greife an, doch es geht schief,
und mit der Wucht des Selbstgewichts,
fall ich ins Seil und in die Bremse-
nur ein Moment im leeren Raum.
Ich find den Tritt wie eine Gemse,
schneller, wirklich, geht es kaum.

Ich stehe fest, es zieht der Gurt,
ich atme aus und spür mein Herz.
Das war jetzt eine Neugeburt,
Denn ohne Seil, das ist kein Scherz,
da wär es jetzt mit mir vorbei.
Dann käm ich nimmermehr nachhause.
Ich denk kurz nach, was sinnvoll sei
und mach dann erstmal eine Pause.

Am Ende kam ich noch nach oben.
Wie das wohl ging, das wollt ihr wissen?
Drei Schotten haben angeschoben,
ich hab ein bisschen warten müssen,
dann kam ich weiter, Schritt für Schritt,
es halfen ihre Gummibären
und ihre Worte halfen mit,
den letzten Block zu überqueren.

Die Erde ist es, die uns hält,
der Himmel drüber scheint so weit,
doch merkt man, wenn man einmal fällt,
er naht in Höchstgeschwindigkeit.

Autogrill

Der Italiener liebt die Nähe,
und selbst dann, wenn er nichts mehr sähe,
weil Andre ihm den Blick versperren,
würde er nicht lauthals plärren,
sondern über Pasta reden,
denn Essen, das beschäftigt jeden.
So geht er in die Mittagsrast,
chillt an der Tanke ohne Hast,
Panino in der einen Hand
dabei das Handy recht galant
zwischen Semmel, Nacken, Schopf,
Sonnenbrille auf dem Kopf.

Nur beim Espresso an der Bar,
da macht er lauthals sonnenklar,
das, was er will, kann jetzt nicht warten,
er nutzt die Lücken und die Scharten,
um recht geschickt nach vorn zu gehn,
wo Deutsche in der Schlange stehn.

Der Deutsche wird nicht gern gepresst,
er reagiert darauf gestresst,
er glaubt gern, für sein gutes Geld
bekäm er seine leere Welt.

Gleich nach dem Brenner, Autostrada,
zwischen Laster, Benz und Lada,
merkt er dann, es ist nicht so.
Er hält prompt an und geht aufs Klo,
bestellt den Kaffee stets am Tresen.
Das ist schon immer falsch gewesen.

Er muss darum noch an die Kasse,
leise schimpfend auf die Masse
all der andern, all der gleichen,
die auch grummeln und nicht weichen.
Er wählt To Go und fährt gleich weiter,
zumindest ist das Wetter heiter.

Mautstation

Man nähert sich der Mautstation,
ach je, da vorne stehn sie schon,
dicht gedrängte Autoschlangen,
mitgefangen, mitgehangen?
Die Kinder nölen laut herum,
schon wieder Stau, das ist sooo dumm!

Der Vater sieht die gelbe Reihe,
die weite, breite, einzig Freie,
das gibt s doch nicht, das ist ja krass,
zwar steht da drüber Telepass,
doch irgendwie, da geht schon was,
er fährt hinein und er wird blass:
Kein Spalt, kein Schlitz, kein Personal,
die Schranke fest verschlossner Stahl.

Verdammter Mist, er muss zurück,
er schaut sich um und hat kein Glück,
denn hinter ihm steht schon die Schlange
und nimmt ihn physisch in die Zange.
Er winkt wie wild, die andern auch,
ein komisches Gefühl im Bauch,
dann geht noch das Gehupe los,
sein Schweiß bricht aus, was macht er bloß?

Ein Ausweg ist grad unwahrscheinlich,
die Kinder findens nur noch peinlich.
Man ist so nah am Gardasee,
und doch so weit entfernt, oje,
vermutlich kommt man dereinst an,
die Frage bleibt bestehen: Wann?

Limone

Der steile Fels kommt von ganz oben,
als würde er hinabgeschoben,
vom Himmel hoch bis in die Fluten.
Der Mensch, so schien es, musst sich sputen,
damit er nicht zerrieben würde.
Was machte er aus dieser Bürde?
Er schuf am Hang den Ort Limone,
als Garten Eden der Zitrone.
Er baute feste Steinterrassen,
und pflanzte Bäume dort in Massen,
und in dem windgeschützten Klima
gediehen die Zitronen prima.
Es stiegen stets die Gästezahlen.
Dank Zitrusduft und Sonnenstrahlen
beschlossen auch im hohen Norden
die südfixierten Menschenhorden
samt Hund und Bus und Kund und Kegel:
Nix wie hin, wir setzen Segel!
Der Fels grüßt immer noch von oben,
als würde er hinabgeschoben,
der Mensch kommt nicht recht von der Stelle
am Scheitelpunkt der Urlaubswelle,
es treffen sich drum hier und heute
bei Spritz und Hugo viele Leute.

Wer länger bleibt und abends schaut,
was baldowärts an Wolken braut
und wie die Lichter hellgelb blinken,
um dann im Wasser zu versinken
und wie der Himmel Sterne sendet,
der fühlt sich innerlich geblendet
vom leisen Zauber von Limone,
dem Garten Eden der Zitrone.

Gardasee Weihnacht

Der Deutsche fährt im Sommer runter,
die Tage lang, die Strände bunter,
Surfen, Biken und, genau:
Früh und abends Dauerstau.
Dezember ist es oftmals grau,
Licht und Wetter eher flau,
doch in den Orten glitzern Lichter,
und strahlend-fröstelnde Gesichter
gucken auf die Weihnachtsstände.
Etwas klamme Handschuhhände
halten Becher mit Brule'
und schwarz und trübe schweigt der See.
Dschinglebells liegt in der Luft,
begleitet von Maronenduft,
an jeder Ecke Zipfelmützen,
die Bäume, Rasen, Brunnen schützen,
und in Sirmione gibts noch Eis,
dabei ist es doch kalt, nicht heiß!
Am Parkplatz ist kein Platz mehr leer,
ganz so, als ob es Sommer wär,
nicht weit von einem Fischerkahn
sitzt ganz allein ein Kormoran.

Prada, Winter, vor dem Regen

Prada, Korblift, kurz vor drei,
die Bergfahrtzeit ist schon vorbei,
ich bitte, bettel um mein Leben,
am Ende wird mir nachgegeben.
Ich steh im Korb, die Luft ist Eis,
ein fieser Wind, das ist der Preis,
am Hang, ganz oben, leuchtet Schnee,
und talwärts liegt der Gardasee.
Sein Wasser glänzt wie eine Platte,
die Wellen gleichen Silberwatte
und Licht und Winde ziehen Spuren,
als ob dort grade Schiffe fuhren.
Die Berge stapeln sich in Schichten,
bedrängt von düsteren Gewichten,
die über ihnen runterfallen
als schwarz und rote Wolkenballen.
Das Rot kommt von der Abendsonne.
Sie gießt mit Wollust und mit Wonne
den Farbtopf in die Szenerie,
ich frier vom Scheitel bis zum Knie.
Prada, Korblift, Panorama,
welch ein abendlichtes Drama,
schließlich wird das Rot zu Gold,
und die Dunkelheit, sie rollt
mächtig über See und Gipfel.
Nur ein allerletzter Zipfel

leuchtet noch im Widerschein.
Prada, Korblift, ich allein,
mir ist kalt, muss mich bewegen
und die Luft schmeckt schon nach Regen,
längst hat er sich aufgemacht,
und er landet über Nacht,
morgen ist der Korblift nass
und es sieht hier niemand was.

Peschiera sul Garda

Ein Ort, der durch das Wasser lebt,
am Wasser liegt, zum Wasser strebt,
am Hafen, an den Festungsmauern,
die Luft getränkt von Regenschauern,
am Fluss, auf dem die Boote wippen,
und niemals ruhn und niemals kippen.
Am Kai, an dem die Baumalleen,
in immergrüner Reihe stehn,
am Morgen, wenn die Nebelschwaden
zum Tanz der stillen Geister laden
und Kräne blass am Himmel hängen.
Die Sonnenstrahlen, nun, sie zwängen
durch einen Spalt im grauen Dunst,
ein Augenblick der Lichterkunst.
Die Menschen queren Straßenräume
im Rhythmus ihrer Aufwachträume.
Das endet immer, ist doch klar,
espressotrinkend in der Bar,
beim Schritt nach draußen merkt man dann:
Jetzt fängt der Tag zu leben an.
Das ist Peschiera, kurz nach acht,
am Ende einer Winternacht.

Canale di Tenno

Ein Weg, gespickt mit Pflastersteinen,
und wer gut hinhört, möchte meinen,
da klappern noch antike Karren.
Und Pferde, deren Hufen scharren,
schnauben in die Abendluft.
Ein Feuer knackt, Kastanienduft
weht herüber von den Mauern,
die dichtgedrängt am Steilhang kauern.
Zuerst die Brücke, dann ein Bogen,
durch feuchte Mauern, hochgezogen
bis empor zum Himmelszelt.
Hier unten, in der Gassen Welt,
da regiert fast immer Schatten.
Von blankgewetzten Bodenplatten
geht der Blick zu dunklen Orten,
dicken Türen, engen Pforten,
am Fenstersims sitzt eine Katze,
platziert auf ihrer Vordertatze
und schaut den Wandersleuten zu,
ein Ausdruck wahrer Katzenruh.
An Wänden hängen bunte Bilder
und winzige Appartementschilder
und ein paar schmale Blumentöpfe
behausen rote Blütenköpfe.

Gibt es Menschen, die hier leben?
Diese Frage wabert eben
pausenlos durch alle Gassen.
Die Antwort ist nicht recht zu fassen.
Es mag sie geben, oder nicht,
so wie die Stille lauthals spricht.
Canale zeigt uns sein Gesicht,
im späten Schatten, nicht im Licht.